AF498905

18 Janvier 1892

V

VENTE

Des Lundi 18 et Mardi 19 Janvier 1892

HOTEL DROUOT, SALLE N° 5

A DEUX HEURES UN QUART

CATALOGUE

D'OBJETS D'ART

ET D'AMEUBLEMENT

Européens et de l'Extrême-Orient

BELLES MINIATURES, TABLEAUX, DESSINS

BRONZES DU JAPON CISELÉS ET INCRUSTÉS

Porcelaines, Faïences, Marbres

MEUBLES ANCIENS

Glaces, Chiffonniers, Consoles, Tables, Sièges, Vitrines

TAPISSERIES, ÉTOFFES, TENTURES, TAPIS

BRONZES D'ART ET D'AMEUBLEMENT

Époques et styles Louis XV et Louis XVI

BOIS SCULPTÉS, LIVRES, CURIOSITÉS DE L'INDE

Me G. DUCHESNE	M. A. BLOCHE
COMMISSAIRE-PRISEUR	EXPERT PRÈS LA COUR D'APPEL
Rue de Hanovre, 6	Rue de Châteaudun, 25

Chez lesquels on trouve le présent Catalogue

EXPOSITION PUBLIQUE

Le Dimanche 17 Janvier 1892, de 2 h. à 5 h. 1/2

IMPRIMERIE MAULDE ET RENOU

A. MAULDE & Cie

IMPRIMEURS DE LA COMPAGNIE DES COMMISSAIRES-PRISEURS

Rue de Rivoli, 144. — Paris

CATALOGUE

D'OBJETS D'ART

ET D'AMEUBLEMENT

Européens et de l'Extrême-Orient

BELLES MINIATURES, TABLEAUX, DESSINS

BRONZES DU JAPON CISELÉS ET INCRUSTÉS

Porcelaines, Faïences, Marbres

MEUBLES ANCIENS

Glaces, Chiffonniers, Consoles, Tables, Sièges, Vitrines

TAPISSERIES, ÉTOFFES, TENTURES, TAPIS

BRONZES D'ART ET D'AMEUBLEMENT

Époques et styles Louis XV et Louis XVI

BOIS SCULPTÉS, LIVRES, CURIOSITÉS DE L'INDE

DONT LA VENTE AUX ENCHÈRES PUBLIQUES AURA LIEU

HOTEL DROUOT — SALLE N° 5

Les Lundi 18 et Mardi 19 Janvier 1892

A DEUX HEURES UN QUART

Par le ministère de Me **G. DUCHESNE**, Commissaire-Priseur
rue de Hanovre, 6

Assisté de **M. A. BLOCHE**, Expert, rue de Châteaudun, 25

EXPOSITION PUBLIQUE

Le Dimanche 17 Janvier 1892, de 2 h. à 5 h. 1/2

Don S. de [illegible]

[illegible] 03412

CONDITIONS DE LA VENTE

Elle sera faite au comptant.

Les Acquéreurs paieront, en sus des adjudications CINQ CENTIMES PAR FRANC applicables aux frais.

Aucune réclamation ne sera admise une fois l'adjudication prononcée.

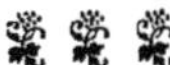

A. MAULDE et Cie, imprimeurs de la Compagnie des Commissaires-Priseurs, rue de Rivoli, 144 300—20663

DÉSIGNATION

MINIATURES

1 — Grande et jolie Miniature sur ivoire représentant une jeune Dame en costume du XVIIIe siècle, dans le parc de Trianon, tenant une guirlande de fleurs.

2 — Grande et belle Miniature sur ivoire, portrait de Mme Marie-Henriette de France, représentée presque de face, en robe décolletée et légèrement drapée.

3 — Jolie Miniature sur ivoire : Portrait de Mlle Louise de Lorraine, vue en buste et en corsage, coquettement décolleté.

4 — Miniature sur ivoire : Portrait de la duchesse d'Orléans, d'après Mme Vigée-Lebrun.

5 — Miniature ovale sur ivoire : Portrait de Mlle de Lambesc, d'après Nattier.

6 — Miniature ovale sur ivoire : Portrait de Femme, style du XVIIIe siècle.

7 — Miniature carrée sur ivoire : Portrait de grande Dame assise dans un parc.

8 — Bonbonnière en écaille, ornée d'une Miniature sur ivoire : jeune Fille, d'après GREUZE.

9 — Broche en argent doré et perles fines, ornée d'une miniature.

10 — Miniature ronde : Portrait de jeune Femme.

BRONZES DU JAPON

11 — Grand Brûle-Parfums tripode, en ancien bronze du Japon incrusté d'argent et gravé, décor à dragons; couvercle surmonté d'une Chimère tenant une boule repercée; pieds à tête et griffe de monstre.

12 — Paire de grands Vases à col évasé, en ancien bronze du Japon incrusté d'argent et gravé, décor à dragons, anses à tête chimérique.

Ces Vases formaient garniture avec le Brûle-Parfums précédent.

13 — Brûle-Parfums tripode, en bronze du Japon ancien, incrusté d'or et d'argent et gravé, décor

à dragons et inscription; couvercle surmonté d'une Chimère; pieds à tête et griffes de monstre.

14 — Grand Brûle-Parfums tripode, en bronze du Japon, décor à personnages montés sur des animaux; couvercle surmonté d'une Chimère; pieds à trompe d'éléphant.

15 — Paire de Vases en bronze du Japon, décor à branchages et fleurs. Ces Vases formaient garniture avec le Brûle-Parfums qui précède.

16 — Très grande Coupe en bronze ancien du Japon, décor gravé.

17 — Paire de Vases en bronze du Japon, décor à oiseaux et branchages.

18 — Jardinière ronde à deux anses trilobées, en bronze ancien du Japon; décorée sur la panse de deux cartels à figures.

19 — Paire de Jardinières rondes à anses à trompe d'éléphant, en bronze ancien du Japon, décor analogue à celui de la précédente.

20 — Paire de Vases cylindriques en bronze ancien du Japon, décor à oiseaux et branchages.

21 — Chauffe-Mains en bronze du Japon, décor à oiseaux.

22 — Paire de Cornets en forme de tronc d'arbre entouré de fleurs, bronze ancien du Japon.

23 — Autre Paire de Cornets analogues.

24 — Garniture de trois Cornets en forme de tronc d'arbre, en fer, décor à oiseaux en applications métalliques.

25 — Petit Brûle-Parfums rond en bronze du Japon, décor à dragons, élevée sur pied représentant une Pieuvre.

26 — Flambeau en bronze du Japon : Ibis sur un Dragon en forme de tortue.

27 — Petite Garniture en bronze du Japon, composée de : un Brûle-Parfums et deux Vases.

28 — Paire de petits Brûle-Parfums, modèle lanterne, en cuivre argenté et gravé, travail japonais.

29 — Sonnette en bronze du Japon.

30-36 — Sept Pièces en bronze du Japon : Langoustes, Crabes, Tortue, etc.

37 — Godet à couvercle en bronze du Japon.

38 — Gong en bronze.

39-40 — Deux Statuettes japonaises en bois sculpté.

MEUBLES, BRONZES, TAPISSERIES, OBJETS D'ARTS, DIVERS

41 — Belle Pendule en bronze, formée par deux figures : l'Amour enchaîné, implorant une jeune femme, ces deux figures sont séparées par un socle surmonté d'un trophée, composé d'un Casque, d'une Massue et d'un Glaive. Sur le socle en marbre serpentine la légende : l'Amour réduit à la raison (Époque de la Révolution).

42 — Jolie Statuette en marbre : *Baigneuse*

43 — Deux Jardinières en bronze, ciselé et doré, forme Louis XV, offrant des sujets mythologiques, en bas-relief sur chaque face.

44 — Beau Bas-Relief en cuivre repoussé de Labaer, d'après Rubens, représentant Thomyris, reine des Scythes, faisant tremper la tête de Cyrus dans un vase rempli de sang.

45 — Tapisserie peinte : Jeune Fille et Amours (Genre de Boucher).

46 — Petit Cartel Louis XV, bois rose et marqueterie, orné de bronzes.

47-48 — Deux Banquettes Louis XIV, en bois sculpté et doré, couvertes en étoffe ancienne.

49 — Glace avec Cadre Louis XVI, en bois sculpté et doré, modèle à coquille et rubans.

50 — Glace avec Cadre Louis XVI, en bois sculpté et doré, modèle à corbeille.

51 — Autre Glace analogue.

52 — Glace avec Cadre en chêne sculpté, Louis XIV, décor à figures.

53 — Petit Rafraîchissoir Louis XVI.

54 — Coffre à Bijoux, en chêne sculpté. Renaissance.

55 — Console Louis XIV, en bois sculpté et doré.

56 — Chiffonnier Louis XVI, en acajou, garni de cuivre.

57 — Joli petit Meuble fin Louis XV, en marqueterie et bois de placage. Il ouvre à un vantail.

58 — Belle Coupe en bronze, dorée par partie, style Louis XVI, d'après Clodion.

59 — Statuette en bronze, représentant Racine sur un socle sculpté.

60-61 — Deux Bustes en bronze : les Augures.

62 — Paire de Candélabres, en bronze doré par parties, formés par des Enfants, style Louis XV.

63 — Paire de Candélabres en bronze, formés par des figurines de Femmes, tenant des bouquets de fleurs, d'après FALCONET, sur socles en porcelaine bleu turquoise.

64 — Grand Groupe en bronze représentant : *Vénus et l'Amour*, d'après BOUCHER.

65 — Paire de grands et beaux Vases en porcelaine gros bleu, au chiffre Louis XVI, monture en bronze doré.

66 — Paire de petits Bras d'appliques, en bronze, à deux lumières, modèle au Bélier, style Louis XVI.

67 — Encrier en bronze, formé par un Enfant : Garde à vous! style Louis XVI, sur socle en marbre blanc.

68 — Miniature : Portrait de femme, Louis XVI.

69 — Groupe en bronze : Enfant à la Chèvre.

70 — Miniature.

71 — Groupe en bronze : *Faunes*, d'après CLODRION.

72 — Deux Statuettes en porcelaine d'Allemagne.

73-74 — Deux Gravures, cadres en cuivre.

75 — Paire de Flambleaux en bronze, à trois lumières. Style Louis XVI.

76 — Buste en bronze : Enfant guerrier.

77-78 — Deux Boîtes en porcelaine de Saxe.

79 — Deux Plaques en porcelaine de Naples.

80 — Paire de Girandoles en porcelaine de Saxe, avec figures en relief. Style Louis XV.

81 — Groupe en porcelaine de Saxe.

82 — Miniature.

83 — Paire de Chenets en bronze, modèle : Enfant et Faune.

84 — Grande Portière, tapisserie Renaissance : Ulysse et Polypherne. — Haut. 2 m 25, larg. 2 m 80.

85 — Portière. tapisserie Henri IV, à Sujets de Chasse. — Haut. 3 m, larg. 1 m 55.

86 — Tapisserie Renaissance, à grands Personnages. — Haut. 2^{m} 20, larg. 1^{m} 60.

87 — Autre Portière, tapisserie Renaissance. — Haut. 2^{m} 10, larg. 1^{m} 05.

88 — Portière en tapisserie verdure. — Haut. 2^{m} 15, larg. 1^{m} 50.

89 — Porte en chêne sculpté à jours, époque Louis XIV (Collection Dupont-Auberville).

90 — Porte en chêne sculpté, époque Louis XIV.

91 — Deux Montants de Prie-Dieu, rocailles et fleurs, époque Louis XV.

92 — Deux Panneaux, bois sculpté, époque Louis XIV.

93 — Deux Figures : Vierge et Guerrier, bois sculpté, XVIe siècle.

94 — Deux grands Vases en bronze argenté et ciselé du Japon.

95 — Deux grands Chenets, modèle à Cariatides Louis XIV.

96 — Deux Appliques, cuivre poli à trois lumières.

97-98 — Deux Plats, cuivre repoussé : Henri IV et Marie de Médecis.

99 — Petit Bronze Louis XV : le Pâtineur, socle marbre.

100 — Faisan, bronze de Barye.

101 — Hibou, bronze de Barye, socle marbre.

102 — Tête d'Enfant, buste en marbre blanc, par Duccini (Signé).

103 — Grand Plat, à décor doré sur fond bleu en faïence.

104 — Deux Lampes, forme boule, en faïence.

105 — Suspension de salle à manger en cuivre poli.

106 — Meuble en chêne sculpté s'ouvrant à deux vantaux et garni d'andrinople.

107 — Table carrée, à pieds tors, en bois sculpté.

108 — Autre Table en chêne sculpté.

109 — Porte-Parapluies en chêne.

110 — Chiffonnier en marqueterie de bois.

111 — Petite Vitrine Louis XVI, acajou à filets de cuivre.

112 — Petit Meuble d'applique, acajou et cuivre.

113 — Escabeau en bois de fer, dessus marbrée.

114 — Petit Cabinet marqueterie de bois XVIe siècle.

115 — Deux Lots de Cuirs de Cordoue.— Dossiers de siège.

116 — Glace à biseaux, cadre en chêne sculpté.

117 — Autre Glace biseautée, cadre doré.

118 — Décor de fenêtre composé d'un bandeau et deux cantonnières en drap rouge brodé.

119 — Portière en tissu algérien.

120 — Grande Carpette en moquette.

121 — Tapis moquette rouge à fleurs.

122 — Tapis moquette, dessin oriental.

123 — Autre Tapis, dessin oriental.

124 — Morceaux de Tapis.

125 — Toile peinte, imitation de tapisserie aux armes de Marie de Médécis.

126 — Collection du Magasin Pittoresque de 1833 à 1870. 38 volumes

127 — Thiers. Histoire de la Révolution.

OBJETS DE L'INDE

128 — Deux Cadres contenant 18 peintures sur mica, figures indiennes.

129 — Cadre contenant trois peintures sur mica, sujets indiens.

130 — Deux Peintures sur verre, divinités indiennes.

131 — Reproduction, en moelle de bois, d'un Temple indien.

132-133 — Quatre Figurines en bois peint, avec costume en étoffe : Roi et Reine de Pondichery et deux bayadères.

134 — Reproduction en terre de savon du Temple de Dehly.

135 — Deux Vide-Poches en noix de coco, sculptés et ajourés.

136-140 — Dix-neuf Statuettes indiennes en terre cuite et bois peint.

141-142 — Deux Boîtes et deux Babouches en terre de Savon.

143 — Deux Gobelets en métal gravé.

144 — Vase en cuivre gravé, travail de Delhy.

145 — Deux Bayadères, bronze antique.

146 — Deux Bœufs. porte-lumières en cuivre gravé.

147 — Bouteille en cuivre gravé.

148 — Poignard indien.

149 — Boîte longue en marqueterie de l'Inde.

150 — Quatre Pièces : Boîtes en paille de couleur et autres.

151 — Deux Cannes, l'une en bambou gravé à poignée d'ivoire, l'autre à tête d'éléphant.

152 — Deux Œufs d'autruche.

153 — Grand Éventail.

154 — Instrument de musique à cordes.

155 — Deux petites Potiches et une Assiette en faïence du Népaul.

156-457 — Deux Modèles de Bateaux, l'un servant à charger les navires sur le Gange, et l'autre servant à descendre les passagers à Ceylan.

158 — Paire de Babouches.

159 — Statuette en terre cuite. Divinité.

160 — Deux Statuettes en terre cuite. Personnages accroupis.

161 — Petit Meuble, cabinet à glace.

162 — Porte-Lumières en métal gravé.

163-164 — Deux Tapis brodés.

165 — Tapis en moquette de l'Inde.

ÉTOFFES

166 — Morceau de soie brodée à fleurs, en soie et métal sur fond blanc, Louis XV.

167 — Morceau de soie brochée sur fond gris.

168 — Deux Bandes soie brochée, l'une fond crème, l'autre fond blanc.

169 — Bandeau broderie sur fond de soie grise.

170 — Tapis en étoffe noire brodée, représentant Suzanne et les deux Vieillards. Louis XIII.

171 — Costume de coureur du Pape, en soie rouge : habit, pantalon et gilet.

172 — Deux grandes Écharpes orientales.

173 — Coupe de 8m50, soie orientale brochée.

174 — Grand Tapis brocatelle jaune.

175 — Voile de calice, soie brodée.

176 — Chasuble en drap d'or.

177 — Deux Carrés brocart fond rouge.

178 — Tapis damas, crème et argent.

179 — Trois Morceaux satin blanc brodé, Louis XVI.

180 — Broderie de selle, or sur velours vert.

181 — Carré satin fond bis.

182 — Trois Morceaux tissu vert et argent, et un Morceau Damas vieux vert.

183 — Cinq Morceaux tapisserie ancienne.

184-185 — Huit Kakémonos anciens.

186 — 12^{m} galon rouge ancien.

187 — Lot de morceaux d'Étoffes anciennes.

188 — Lot de Franges, Glands.

189 — Grand Carré, soie imprimée.

190 — Lambrequin drap rouge et soie jaune.

191 — Tapis oriental.

TABLEAUX, DESSINS

192 — **De Bailleul.** Marine.

193 — **Amaury Duval.** Tête de Femme. (Dessin.)

194-195 — **Letourneur.** Grenadier et Voltigeur du 1er Empire. (Deux pendants.)

196-198 — **Letourneur.** Dragon, Chasseur d'Afrique et Spahis. (Trois tableaux.)

199 — **Letourneur.** Types militaires. (Quatre études en camaïeu.)

200 — **Paul Leyendecker** (1887). Bords de rivière. (Tableau important.)

201 — **Richard.** Étude de paysage.

202 — **H. Yvert** (1837). Scène d'intérieur : le Choix de l'Etoffe.

203 — **École française.** Tête de jeune Fille. (Dessin.)

204 — **École napolitaine**. Mendiants.

205 — **École vénitienne.** Esther et Assuérus.

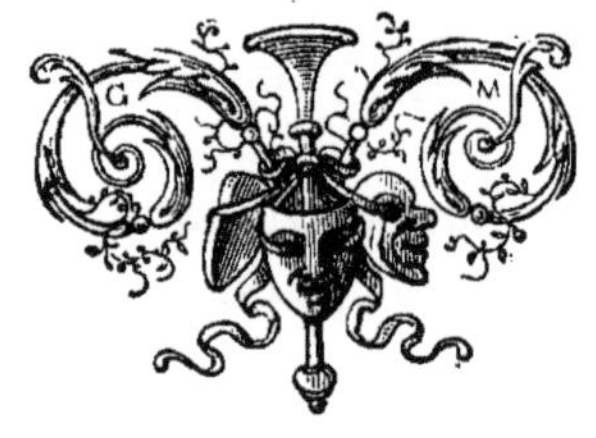

www.ingramcontent.com/pod-product-compliance
Ingram Content Group UK Ltd.
Pitfield, Milton Keynes, MK11 3LW, UK
UKHW020537180726
13839UKWH00006B/2571